Made in the USA
Las Vegas, NV
30 March 2023

69889809R10066